Cristina Contilli

u Visso - Stazione Climatica estiva - La Valnerina

DI PIETRO BILEGGI
UN COGNOME, UNA STORIA

Lulu.com (Raleigh-Usa)

Stampato nel mese di novembre 2011

Seconda edizione: gennaio 2012

Nuova edizione: settembre 2018

Edizione fuori commercio

Il presente libro si può scaricare gratuitamente sotto forma di e-book dal sito lulu.com.

Prefazione

Sono sempre stata incuriosita dal fatto che mia madre portasse un doppio cognome, ma tutto quello che in famiglia si ricordava era che un prozio aveva lasciato il proprio cognome e i propri beni ad una sorella del mio bisnonno e ai suo fratelli e così ho deciso di fare delle ricerche e di scoprire qualcosa in più.

Grazie alla disponibilità degli impiegati dei comuni di Camerino e di Visso sono riuscita a risalire indietro di sei generazioni e soprattutto a scoprire come e quando il cognome Bileggi si era aggiunto a quello originario di Di Pietro… più che una storia ne è venuto fuori un piccolo saggio di genealogia che viene presentato in questo libro.

Non poteva di fatto venirne fuori una storia perché i miei antenati sono rimasti solo dei nomi, a parte l'avvocato Antonio Bileggi che ho trovato citato in alcune riviste giuridiche di fine '800 e di cui ho potuto attraverso questa fonte ricostruire in parte la carriera, degli altri miei ascendenti a distanza di quasi duecento anni sono rimasti solo, infatti, nomi, cognomi, date ufficiali (nascite, morti, matrimoni), luoghi di residenza e professioni.

Cristina Contilli, ottobre 2011

**I luoghi di origine dei miei antenati:
Fematre di Visso
e Scopoli di Foligno
in due cartoline d'epoca.**

I capostipiti del mio albero genealogico:

*Benedetto **DI PIETRO***

Nato il 3 gennaio **1804** –

Fematre di Visso,Macerata,Marche,Italia

- Deceduto il 9 giugno **1884** , all'età di 80 anni
- Nei documenti dell'epoca viene indicato come possidente

Genitori

- ○ ♂Pietro DI PIETRO ⊚(29 anni), nato circa 1775, deceduto
  Sposato con
- ○ ♀Caterina LUCIOLI ⊚(24 anni), nata circa 1780, deceduta

Matrimoni e figli, i nipoti, i pronipoti

- Sposato con Maria Antonia BILEGGI ⊚, nata il 3 gennaio 1811 - Scopoli di Foligno, Perugia, Umbria,Italia, deceduta il 23 febbraio 1883 - Scopoli, Perugia, Umbria, all'età di 72 anni, Nei documenti dell'epoca viene indicata come "donna di casa", ma anche come "possidente" *(genitori : ♂Giuseppe BILEGGI ⊚ & ♀Candida MAGGI ⊚)* , da cui

  ☐ ♀Caterina DI PIETRO *1838-1920 Sposata nel 1870 con* Francesco PUGNALI †

  ☐ ♂Pietro DI PIETRO (BILEGGI) ⊚*1842-1908 Sposato il 19 ottobre 1875, Fematre (Visso),Macerata,Marche,Italia, con* Nicolina SEPI ⊚*1849-1935 da cui*

    ☐ ♀Anna DI PIETRO *1876-1877*
    ☐ ♀Genoveffa DI PIETRO BILEGGI *1878-1965*

      ▪ ♂Porfirio DI PIETRO BILEGGI ⊚*1880-1951 Sposato il 23 novembre 1912, Camerino, Macerata,Marche,Italia, con* Giuseppa MONTEDORO ⊚*ca 1890-1961 da cui :*

♂Mario DI PIETRO BILEGGI ⊚, ♂Olindo DI PIETRO BILEGGI , ♂Ezio di PIETRO BILEGGI

- ☐ ♂Giuseppe DI PIETRO BILEGGI *1882-1975*
- ☐ ♂Benedetto DI PIETRO BILEGGI *1884-1933*
- ☐ ♂Angelo DI PIETRO *1886-1886*
- ☐ ♂Luigi DI PIETRO BILEGGI *1887-1940*
- ☐ ♂Antonio DI PIETRO BILEGGI *1890-1928*

- ○ ♀Maria DI PIETRO *1844*

- ☐ ♂Domenico DI PIETRO *1852-ca 1919 Sposato nel 1895 con* Irene EUTIZI *1847-1896 Domenico DI PIETRO 1852-ca 1919 Sposato il 28 luglio 1898 con* Caterina (Pierina) DE SANTIS *1844-1919*

Note

Fonte: Comune di Visso, ufficio anagrafe Iscritto nel registro del comune di Visso con la moglie dal 1861.

Maria Antonia BILEGGI

- Nata il 3 gennaio **1811** - Scopoli di Foligno, Perugia, Umbria, Italia

- Deceduta il 23 febbraio **1883** - Scopoli, Perugia, Umbria, all'età di 72 anni
- Nei documenti dell'epoca viene indicata come "donna di casa", ma anche come "possidente"

Genitori

- o ♂GiuseppeBILEGGI
  Sposato con
- o ♀Candida MAGGI

Fratelli

- ♀**Maria Antonia BILEGGI** *1811-1883 Sposata con* Benedetto DI PIETRO *1804-1884*

- ♂Antonio BILEGGI *1814-1894 Sposato con* Maria Amalia ANGELETTI *†1894*

Chi e quando ha lasciato in eredità il cognome Bileggi:

Antonio BILEGGI

- Nato il 9 maggio 1814 - Scopoli di Foligno, Perugia,Umbria,Italia
- Deceduto il 19 novembre 1894 - Camerino, Macerata,Marche,Italia , all'età di 80 anni
- Avvocato, docente di istituzioni di diritto romano presso l'università di Camerino dal 1869, preside della facoltà di giurisprudenza dal 1881

Genitori

- ○ ♂Giuseppe BILEGGI ◎
  Sposato con
- ○ ♀Candida MAGGI ◎

Matrimoni

- ○ Sposato con Maria Amalia ANGELETTI , deceduta nel 1894

Fratelli

- ▪ ♀Maria Antonia BILEGGI ◎*1811-1883 Sposata con* Benedetto DI PIETRO ◎*1804-1884*

- • ♂**Antonio BILEGGI** *1814-1894 Sposato con* Maria Amalia ANGELETTI *†1894*

Note

Fonte per la carriera: google libri, riviste giuridiche del periodo 1869-1895
-Domicile: Camerino, via Varino Favorino

QUALCHE STRALCIO DA GOOGLE LIBRI SUI MIEI ANTENATI E IN PARTICOLARE SULL'AVVOCATO ANTONIO BILEGGI:

Protocollo della Repubblica Romana: Coll. degli atti indirizzi e ... - Pagina 467

books.google.it Roma (Stato) - **1849** - 674 pagine - Consultazione completa
Consalvo Miconi Alessandro Caporale Alleva Francesco Comuni Angeletti Venanzio Angeletti Niccola Albini Giovanni Alleva Romolo Bernardi Antonio Bernardi Alessandro **Bileggi Antonio** Berti Giuseppe Bonfigi Tommaso Broglia Serafino ...

Annuario del Ministero dell'educazione nazionale ... - Pagina 506

books.google.it Italy. Ministero dell'educazione nazionale - **1869** - Consultazione completa
Bianchini Pietro, 326. Bianchini Rosa, 356. Bianchini Tommaso, 93, 94. Bianco Giuseppe, 233. Bianco Nicola, 362. Bianconi Cesare, 35. ... **Bileggi Antonio**, 95. Bilenchi Raffaello, 144, 349. Biliotti Augusta, 350. Billetta Francesco, 198. ...

Il nuovo Palmaverde: almanacco universale - Pagina 474

books.google.it **1870** - Consultazione completa
Comandante i carabinieri, Risaliti Pietro, luogot. Direttore delle carceri, Gullini Weneeslao. ... Leopardo Facoltà **di** giurisprudenza Preside, Fossa avv. Nicola. **Bileggi dott. Antonio** — Chirielli Melchiorre — Fior- gentili ...

Discorsi ...
books.google.it Pope Pius IX - **1873** - Visualizzazione snippet

Bileggi professore Antonio di Camerino - 103.

Bindi-Ubaldo Bernardino di Cardano - 104.
Biondi cav. prof. Marco d'Arezzo - 105. Biroccini
Giuseppe di Roma - 106. Bizzari dottore Mario di
Roma - 107. Boattini Angelo di Bologna - 108

Discours de notre très saint-père le pape Pie IX: Volume 2
books.google.it Pope Pius IX, Pasquale De Franciscis
- **1875** - Visualizzazione snippet

100. Bianchini Fabien, de Rome. — 1Ol. Docteur
Bianconi Cléophas, de Rome. — 102. **Bileggi**
Antoine, de Camerino. — 103. Bindi-Ubaldo
Bernardin, deCartiano. — 104. Biondi Marc,
d'Arezzo. — 105. Biroccini Joseph, de Rome

Bollettino ufficiale del Ministero dell'educazione nazionale:
Volume 7

books.google.it Italy. Ministero dell'educazione nazionale -
1881 - Visualizzazione snippet
Facoltà di giurisprudenza. Bileggi Antonio, pred., Preside.
Bileggi, pred., 0. di Istituzioni civìli. ... Cogliolo avi: Pietro,
S. di Diritto romano. Marsili Servilio, 0. della Filosofia del
diritto. Bileggi, pred. ...

"Il Cicognara,": bibliografia dell'archeologia classica e ...:
Volume 1

books.google.it Fabia Borroni Salvadori - 1954 - 4793 pagine

PA LENTE 1893 - 2491 - **Bileggi, Antonio**. **Memorie sulla origine, della chiesa parrocchiale di Palente, sui motivi che ne determinarono la costruzione, e sui restauri ed accrescimenti che vi furono fatti nel 1893.** Camerino,

Minerva: Volume 4

Nessuna immagin e di copertina

books.google.it Richard Kukula, Karl Ignaz Trübner - **1895** - Visualizzazione snippet
Ord. Professoren: Antonio Bileggi: Institutionen des röm. Rechts {Suppl. für eucyklopäd. jur. Einleitung u. Institutionen des Civilrechts.) Servilio Marsili: Recht sphilos., Strafrecht u. Strafverjahren.
...

Vita di pietà e vita civile di un altopiano tra Umbria e Marche: ... - Pagina 237

books.google.it Mario Sensi - 1984 - 524 pagine - Anteprima
tutto dipinto* vi è una tavola sotto il pulpito dove è messa una grata che si serve per confessionale* **Vicenza Bileggi dal castello di Scopoli*** sotto li 27 ottobre 1678 lasciò* alla detta chiesa sc. 25*

Giurisprudenza italiana: Volume 37

books.google.it Filippo Bettini (avvocato.), Unione tipografico-editrice torinese - **1885** - Visualizzazione snippet
Bonelli Est. **MONTEDORO — BILEGGI. Competenza giudiziaria — Strada pubblica — Uso mediante occupazione del suolo privato** ... il **Montedoro**, transitando

con carri per lo stradello che interseca i fondi del **Bileggi**, venisse ad esercitare un diritto di...

Repertorio generale di giurisprudenza civile, commerciale, penale ...: Volume 2

books.google.it Samuele Coen, Emidio Pacifici-Mazzoni, Italy. Courts - 1908 - Visualizzazione snippet
... il transito con carri per impedire che esso si estenda sull'altrui proprietà privata non gravata di servitù. — Cassaz. Roma , 15 gennaio 1885, **Montedoro - Bileggi** (Legge, 25, 1, 724; Temi R. 5, 13, U ; Ann. 19, 2, 63; Corte Supr. ...

Anales de la Real Academia Matritense de Heráldica y Genealogía - Pagina 199

books.google.it Real Academia Matritense de Heráldica y Genealogía - Anteprima
Casado en segundas nupcias en Roma el 7 de enero de 1928 con Anna **Maria Angeletti**, nacida en Camerino el 4 de diciembre de 1881 y fallecida en Roma el 7 de noviembre de 1936, hija de Angelo Angeletti y de Maria Parisani, nacida en 1851. ...

La moglie dell'avvocato Antonio Bileggi si chiamava Maria Amalia Angeletti e questa Anna Maria Angeletti nata a Camerino nel 1881 potrebbe essere facilmente una sua nipote.

L'unica pubblicazione che sono riuscita a rintracciare dell'avvocato Antonio Bileggi, conservata attualmente nella Biblioteca Nazionale centrale di Firenze:

Livello bibliografico	Monografia
Tipo documento	Testo a stampa
Autore principale	**Bileggi, Antonio**
Titolo	**Memorie sulla origine della Chiesa parrocchiale di Palente, sui motivi che ne determinarono la costruzione, e sui restauri ed accrescimenti che vi furono fatti nel 1893**
Pubblicazione	**Camerino : Tip. Marchi, 1893**
Descrizione fisica	8. p. 16.
Numeri	· [CUBI] 79473 · [BNI] 1893 8438
Nomi	· [Autore] Bileggi, Antonio
Lingua di pubblicazione	ITALIANO
Paese di pubblicazione	ITALIA
Codice identificativo	IT\ICCU\CUB\0104175
Localizzazioni	

- Accesso ai servizi di prestito interbibliotecario e fornitura riproduzioni (ILL SBN)

Dal sito dell'università di Camerino l'unica foto che sono riuscita a rintracciare dell'avvocato Bileggi:

Il corpo accademico dell'ateneo, 1891.
Da sinistra in alto: Maurizi, Pacinotti, Armanni, De Pirro,
Valenti, Bertolini, Gallerani, Sartori, Palumbo.
Seduti: Mircoli, Marsili, Fabrini (rettore), **Bileggi**, Salomoni,
Lanzillotti-Buonsanti, Segré.

Immagine tratta da:

http://www.unicam.it/museomemoria/accademia/alba_nuovo_s
ecolo.htm

**La scheda di Bileggi Antonio
nell'anagrafe del comune di Camerino.
(foto Cristina Contilli)**

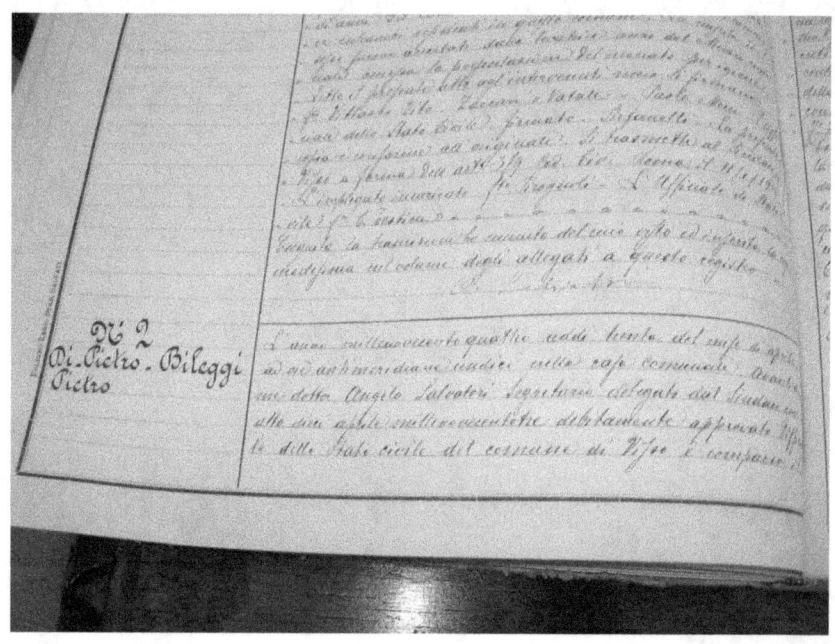

Il documento del 1904 con la trascrizione del regio decreto
del 1896 che autorizzava Pietro Di Pietro e i suoi sei figli
con i rispettivi discendenti ad aggiungere il cognome Bileggi
a quello originario di Di Pietro in tutti i documenti ufficiali.
(documento conservato nell'anagrafe del comune di Visso,
foto di Cristina Contilli)

Il documento del 1904 con la trascrizione del regio decreto del 1896 che autorizzava Pietro Di Pietro e i suoi sei figli con i rispettivi discendenti ad aggiungere il cognome Bileggi. (documento conservato nell'anagrafe del comune di Visso, foto di Cristina Contilli)

Il documento del 1904 con la trascrizione del regio decreto del 1896 che autorizzava Pietro Di Pietro e i suoi sei figli con i rispettivi discendenti ad aggiungere il cognome Bileggi. (documento conservato nell'anagrafe del comune di Visso, foto di Cristina Contilli)

I miei trisnonni:

Pietro DI PIETRO (BILEGGI)

- Nato il 29 maggio **1842** - Fematre di Visso, Macerata, Marche, Italia
- Deceduto il 11 maggio **1908** - Pianpalente di Camerino, Macerata, all'età di 65 anni
- Pastore, piccolo proprietario terriero (nei documenti dell'epoca viene indicato come possidente)

Fratelli

- ♀Caterina DI PIETRO *1838-1920 Sposata nel 1870 con* Francesco PUGNALI *†*

- ♂**Pietro DI PIETRO (BILEGGI)** *1842-1908 Sposato il 9 ottobre 1875, Fematre (Visso),Macerata,Marche,Italia, con* Nicolina SEPI *1849-1935*

- ○ ♀Maria DI PIETRO *1844*

- ♂Domenico DI PIETRO *1852-ca 1919 Sposato nel 1895 con* Irene EUTIZI *1847-1896 Domenico DI PIETRO 1852-ca 1919 Sposato il 28 luglio 1898 con* Caterina (Pierina) DE SANTIS *1844-1919*

Note

Secondo l'anagrafe del comune di Camerino sarebbe nato invece il 29 maggio 1847 (trattandosi di una persona nata prima dell'unità d'Italia è difficile stabilire quale delle due date sia corretta)
-Domicile: Fematre (frazione di Visso), Pianpalente (frazione di Camerino) dal 1901

naissance
Notes:

> Ho mantenuto la dicitura dei documenti dell'epoca per cui Fematre era considerata frazione del comune di Visso e i miei antenati risultano nati a "Fematre di Visso"

Nel 1901 si era trasferito con la moglie e i 6 figli da Visso a Camerino (la data precisa del cambio di residenza secondo i documenti del comune di Visso è il 31 gennaio 1901). Dal 4 febbraio 1901 risulta iscritto nell'anagrafe del comune di Camerino (foglio di famiglia numero 380)
L'aggiunta del cognome Bileggi stabilita con un regio decreto del 1896 venne trascritta negli uffici dei comuni di Camerino e di Visso nel 1904 e prevedeva per Pietro Di Pietro, per i suoi 6 figli e per i rispettivi discendenti l'aggiunta del cognome Bileggi da affiancare al cognome originario Di Pietro.

Nazzareno MONTEDORO

Genitori

o ♂Giuseppe MONTEDORO ◉
Sposato con
o ♀Teresa PENNACCHIOLI

Matrimoni e figli, i nipoti, i pronipoti

- Sposato *il 24 gennaio 1884,*
  Camerino,Macerata,Marche,Italia, con <u>Venanzia</u>
  SCAMPOLOTTI ◉, nata il 13 marzo 1847 - Camerino,
  Macerata,Marche,Italia, deceduta il 2 aprile 1914 all'età
  di 67 anni, Nei documenti dell'epoca viene indicata
  come "campagnola" *(genitori : ♂Domenico*
  SCAMPOLOTTI ◉ *& ♀Maria GREGORI* ◉*)* , da cui
  - o ♂Cesare MONTEDORO
  - o ♀Maria MONTEDORO

  - □ ♀Giuseppa MONTEDORO ◉*ca 1890-1961*
    Sposata il 23 novembre 1912,
    Camerino,Macerata,Marche,Italia, con <u>Porfirio</u>
    <u>DI PIETRO BILEGGI</u> ◉

I miei bisnonni:

<u>Porfirio</u> DI PIETRO BILEGGI

- Nato il 21 gennaio **1880** - Fematre di
  Visso,,Macerata,Marche,Italia

- Deceduto il 17 gennaio **1951** - Camerino,62032,Macerata,Marche,Italia , all'età di 70 anni
- Piccolo propietario terriero, coltivatore diretto

Fratelli

- ○ ♀Anna DI PIETRO *1876-1877*
- ○ ♀Genoveffa DI PIETRO BILEGGI *1878-1965*

- ■ ♂**Porfirio DI PIETRO BILEGGI** ⊚*1880-1951* *Sposato il 23 novembre 1912, Camerino,Macerata,Marche,Italia, con* Giuseppa MONTEDORO ⊚*ca 1890-1961*

- ○ ♂Giuseppe DI PIETRO (BILEGGI) *1882-1975*
- ○ ♂Benedetto DI PIETRO BILEGGI *1884-1933*
- ○ ♂Angelo DI PIETRO *1886-1886*
- ○ ♂Luigi DI PIETRO BILEGGI *1887-1940*
- ○ ♂Antonio DI PIETRO BILEGGI *1890-1928*

Camillo DI PIETRO

- Nato il 2 febbraio **1883** - Ortona, Chieti, Abruzzo, Italia,
- Deceduto nel gennaio **1964** - Sulmona, l'Aquila, Abruzzo, Italia, all'età di 80 anni
- Ferroviere (capo squadra, addetto alla manutenzione della linea ferroviaria)

Matrimoni e figli, i nipoti, i pronipoti

- Sposato con <u>Clelia (Velia) VITTORINI</u> ⊚, nata l'8 dicembre 1886, deceduta nel luglio 1975 all'età di 88 anni *(genitori : ♂<u>Carmine VITTORINI</u>* ⊚ *& ♀<u>? ?</u>* ⊚*)* , da cui
    - ♂<u>Renato DI PIETRO</u>
    - ♂<u>Domenico DI PIETRO</u>
    - ♂<u>Carmine DI PIETRO</u>
    - ♂<u>Gino DI PIETRO</u>
    - ♀<u>Bianca di PIETRO</u> *1907-1990*
    - ♂<u>Ippolito (Nello) di PIETRO</u>

    - ♀<u>Carmela DI PIETRO</u> ⊚ *Sposata con* <u>Mario DI PIETRO BILEGGI</u> ⊚ da cui

        - ♀<u>Antonia DI PIETRO BILEGGI</u>

- ♀<u>Giuseppa DI PIETRO BILEGGI</u> ⊚ *Sposata con* <u>Mauro CONTILLI</u> ⊚ da cui :

    - ♀<u>Cristina CONTILLI</u> ⊚

Sono arrivata con la storia familiare ad inizio '800, ma ora mi si presenta un problema: dove si trovano i registri parrocchiali? E soprattutto dove possono essere conservati attualmente quelli di Fematre di Visso e Scopoli di Foligno, da cui provengono i miei antenati?

ED ORA IN SINTESI... I MIEI ANTENATI MATERNI:

Benedetto di Pietro (1804-1884)

Maria Antonia Bileggi (1811-1883)

Pietro di Pietro (Bileggi) (1842-1908)

Sepi Nicolina (1849-1935)

Porfirio di Pietro Bileggi (1880-1951)

Giuseppa Montedoro (1890-1961)

Delio *DI PIETRO BILEGGI*

Genitori

- ♂ Giuseppe DI PIETRO BILEGGI , nato il 26 febbraio 1882 - Fematre di Visso,,Macerata,Marche,Italia, deceduto il 22 luglio 1975 - Camerino,,Macerata,Marche,Italia all'età di 93 anni, Piccolo proprietario terriero, coltivatore diretto
  Sposato con

- ○ ♀ Emma VANNUCCI

Albero d'ascendenza/Navigare nell'albero

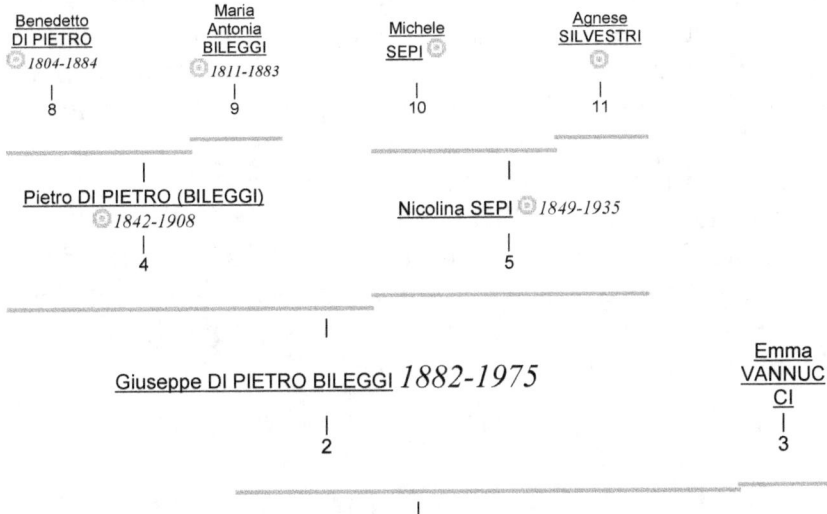

Benedetto DI PIETRO 1804-1884	Maria Antonia BILEGGI 1811-1883	Michele SEPI	Agnese SILVESTRI
8	9	10	11

Pietro DI PIETRO (BILEGGI) 1842-1908	Nicolina SEPI 1849-1935
4	5

Giuseppe DI PIETRO BILEGGI *1882-1975*	Emma VANNUCCI
2	3

Delio DI PIETRO BILEGGI

MARCHE Intitolata una via al tenente alpino Delio Di Pietro Bileggi

http://www.ana.it/page/marche-intitolata-una-via-al-tenente-alpino-delio-di-pietro-bileggi892

Una via di Camerino è stata intitolata a Delio Di Pietro Bileggi, tenente d'artiglieria alpina, medaglia d'Argento al Valor Militare. E' un'iniziativa promossa dalle penne nere del gruppo di Camerino, guidato da Giuliano Marchetti, per ricordare il compaesano Bileggi, nato a Camerino l'8 febbraio del 1918. Alpino nella campagna di Russia, al comando della 45ª batteria del gruppo Vicenza , riuscì eroicamente a contenere l'assalto nemico fino all'esaurimento delle munizioni. Fatto prigioniero, fu trasferito in Germania.

Ritornato in Italia nel '43 fu nuovamente catturato e internato in un campo di concentramento tedesco dove, il 16 luglio del '45, morì. Alla cerimonia d'intitolazione erano presenti il presidente della sezione Marche Sergio Macciò, il sindaco di Camerino Mario Giannella, il vicepresidente della regione Marche Gian Mario Spacca, il prof. Ignazio Buti rettore dell'Università di Camerino, i rappresentanti delle Associazioni combattentistiche e d'arma, e numerose autorità civili e militari. La signora Amalia Di Pietro Bileggi, sorella della medaglia d'Argento Delio, ha scoperto la targa della via, benedetta dall'arcivescovo di Camerino, mons. Angelo Fagiani. Quindi Mario Tonnarelli, visibilmente commosso, ha ricordato la figura dell'amico Delio.

Alcuni superstiti del Gruppo "Vicenza".da sinistra: S.Ten. Aldo Daz, **S.Ten. Delio Di Pietro Bileggi,** *Ten. Aimone Ferrari, Magg. Salvatore Bavosa, S.Ten. Giuseppe Portesi e S.Ten. Franco Forlani.*
Immagine tratta da:
http://www.noialpini.it/forlani_franco.htm

Bollettino ufficiale delle nomine, promozioni e destinazioni negli ...

https://books.google.it/books?id=Z2Ru0x6QPpIC
1943 - Leggi - Altre edizioni
Leggasi: *DI PIETRO BILEGGI*. [al posto dell'erroneo Billeggi] Nel provvedimento concernente la nomina a sottotenente degli aspiranti ufficiali di complemento (1941)

Gazzetta Ufficiale - Pagina 15
https://books.google.it/books?id=yto6tXa_9lQC
Italy. Direzione generale dell'agricoltura - 1951 - Visualizzazione snippet - Altre edizioni
***DI PIETRO BILEGGI* Delio di Giuseppe e di Emma Vannucci, da Camerino (Macerata), classe 1918, sottotenente, 2° artiglieria alpina «Tridentina». –** Comandante di sezione artiglieria alpina, infondeva nei dipendenti il suo eccezionale valore riuscendo a respingere duri attacchi nemici e a distruggere mezzi corazzati. Durante un aspro combattimento, *caduti quasi tutti i serventi* si mise egli stesso ad un pezzo continuando il fuoco fino all'esaurimento delle munizioni.

1943: Mario Di Pietro Bileggi in prima fila con la divisa da sottotenente e gli occhiali da sole

L'albero genealogico completo si può consultare su:
http://gw3.geneanet.org/ccontilli

**La mia bisnonna Giuseppa Montedoro
con mio nonno in una foto scattata intorno al 1916-1917.**

**Mia nonna Carmela Di Pietro
(Pratola Peligna 1923- Macerata 2005).**

**Mio nonno Mario Di Pietro Bileggi
(Camerino 1914-1995).**

IL TITOLARE

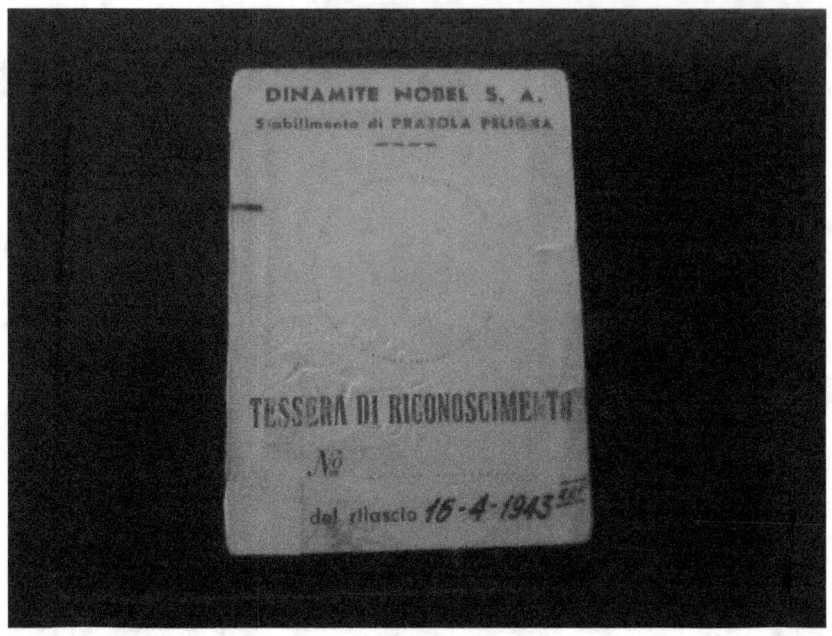

La grande industria
Dinamite Nobel di Pratola Peligna
Cronologia: prima del 1943
Comune: Pratola Peligna
Provincia: AQ
Come arrivare: A24/A25 RM-PE uscita Pratola Peligna-Sulmona/ seguire indicazioni per Pratola Peligna da Napoli: A1 NA-RM uscita Caianello/ seguire indicazioni per Castel di Sangro/ Roccaraso/ Sulmona/ Pratola Peligna
Notizie: Lo stabilimento di Pratola Peligna fu costruito anteriormente al 1943 dalla Società Generale Esplosivi e Munizioni per conto e a spese dell'Amministrazione Militare, per incrementare la produzione di esplosivi di lancio. Lo stabilimento, dove si preparavano le polveri speciali per bombe, portò, per un breve periodo di tempo, un benessere

affatto indifferente nella Valle Peligna e creò sul posto una manodopera specializzata; fu costruito, su ordinazione del Ministero della Guerra, dalla società Dinamite Nobel. Lo stabilimento di Pratola produceva il T. 4 e teneva occupati, in periodo di buona attività, 3000 operai. La fabbrica fu attiva dal 1940 al 1943, e durante la seconda guerra mondiale venne manomessa dai tedeschi che trasportarono il suo materiale ad Avigliana. Durante la guerra subì inoltre un forte bombardamento ma tutte le strutture murarie rimasero in piedi. Lo Stato, dopo il 1945, rientrò in possesso di tutti gli stabilimenti.

Informazioni: Municipio tel. 0864-271369

http://www.regione.abruzzo.it/xCultura/index.asp?modello=sch edaIndustriaGrande&servizio=xList&stileDiv=monoLeft&tem plate=intIndex&b=archindu645&tom=45

2 foto scattate a Camerino nel settembre del 1936,

con i pantaloni bianchi mio nonno Mario Di Pietro Bileggi.

Grazie a mia madre e a mia zia Elisa Di Pietro per la collaborazione... le mie ricerche continuano e gli aggiornamenti saranno via via inseriti su internet...

Grazie alle impiegate degli uffici dell'anagrafe di Camerino e di Visso per la preziosa collaborazione...

www.ingramcontent.com/pod-product-compliance
Lightning Source LLC
Chambersburg PA
CBHW060344290526
45791CB00004B/1533